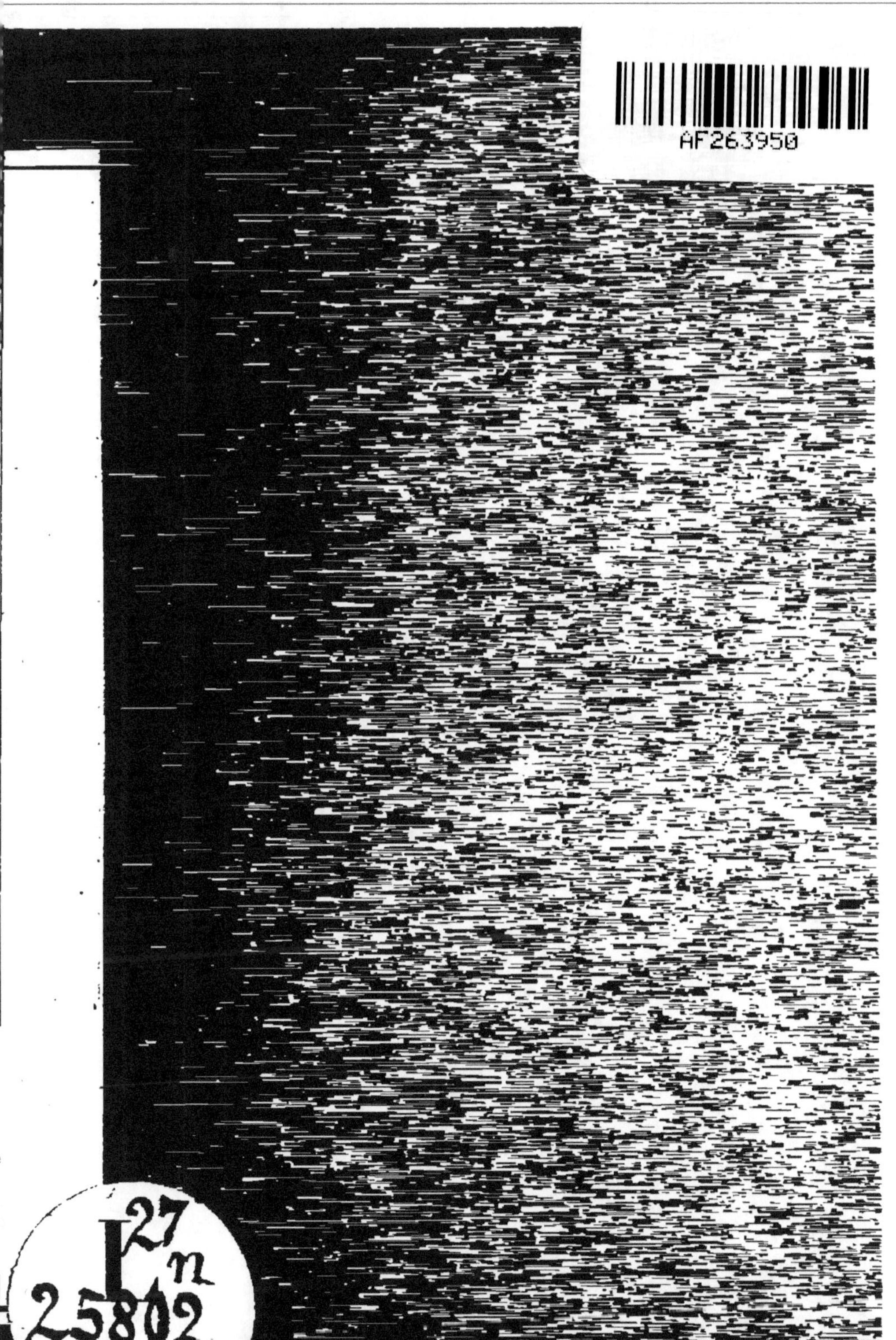

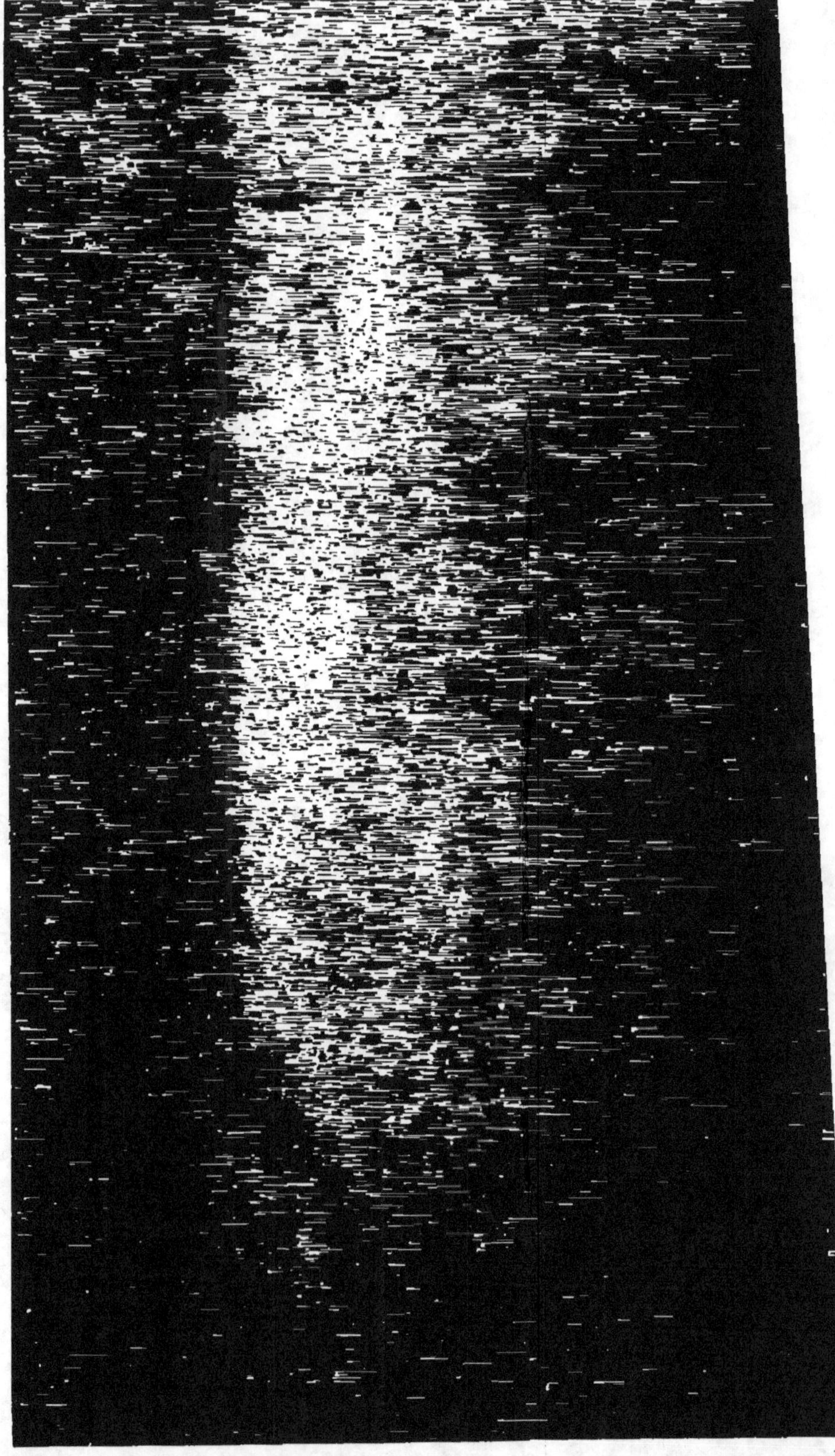

CONFESSION
D'UN CRIMINEL.

L'athéisme peut étouffer jusqu'à
la voix de la conscience.

I.

Un jeune homme instruit.

Voici les terribles confidences que j'ai
à faire au public ; en les répandant le plus
possible, je crois être utile à mon pays,
surtout aux hommes qui seraient tentés
de m'imiter, et près de tomber dans l'a-
bîme où je me suis laissé entraîner.

Je suis né dans un petit village de
France ; mon père, simple cultivateur,
avait quelque bien amassé à force de travail et de peine, et j'étais l'aîné de quatre
enfants, deux garçons et deux filles.

Mon intelligence précoce, mon imagi-
nation vive, engagèrent mes parents à me
faire donner quelque instruction ; ma
mère surtout, fière de mes succès, me
recommandait vivement au curé de notre
paroisse, qui fut mon premier professeur.

Ce brave homme, étonné de mon application à l'étude, m'eut bientôt appris tout ce qu'il savait, et par son crédit je parvins à entrer dans un petit séminaire, où je me fis distinguer parmi mes jeunes camarades; mais j'avais un caractère décidé et indépendant, un esprit ardent, avide de savoir, ne s'en rapportant qu'à lui-même et peu disposé à se plier au joug de l'autorité; ces dispositions naturelles, jointes aux passions violentes qui fermentaient dans mon sein, me révélèrent que je ne ferais qu'un mauvais prêtre; et que l'abnégation et le dévoûment qu'exige le sacerdoce chrétien, ne se trouvaient pas suffisamment en moi.

Un certain jour de vacances, en feuilletant quelques livres qui composaient la bibliothèque d'un jeune médecin du voisinage, je trouvai l'ouvrage d'Helvétius sur l'esprit. Cette funeste lecture acheva de me décider à quitter le séminaire; et, malgré les observations toutes paternelles du directeur et celles de ma famille, de ma mère surtout, je partis pour Paris avec

M. de B..., riche propriétaire de notre pays, qui m'agréa pour précepteur de son fils.

Déjà l'orgueil de la fausse science avait endurci mon cœur, et je fus étonné, en faisant mes adieux à mon père, à ma mère, à mes frères et sœurs, de n'être pas plus ému; je dois même avouer à ma honte, que le sentiment de la reconnaissance s'était presque éteint dans mon cœur; mes parents avaient fait de grands sacrifices pour mon éducation, et je leur en tenais peu de compte.

Ils voulaient faire de moi un curé: un curé! me disais-je, c'est la vache à lait d'une famille; il élève ses frères et sœurs pour rien, il nourrit son père et sa mère quand ils sont vieux et indigents; tout cela avec un fort maigre revenu, car le curé de campagne ne roule pas sur l'or. Je n'accusais pas tout-à-fait mes parents d'un pareil calcul, car ils étaient dans une petite aisance; mais il me suffisait de pouvoir penser que l'intérêt n'était pas étranger à leur conduite pour que je me disse à mon tour : agissons dans le mien ; j'ai devant moi une carrière bien plus brillante que celle d'un curé de village.

O Helvétius ! ta parole avait déjà germé dans mon esprit : l'intérêt ! l'intérêt, nous dis-tu, voilà le seul mobile des actions humaines ; j'adoptais ce principe si favorable aux passions, et j'en tirais vigoureusement toutes les conséquences. L'expérience même venait chaque jour enraciner davantage ce système dans mes idées ; et, à mesure que j'avançais dans la vie, je découvrais avec surprise et douleur, que l'égoïsme humain dépassait encore mes prévisions.

II.

L'entrée dans le monde.

Je me trouvai malheureusement lancé dans un monde où cet égoïsme ne se cache que sous un masque fort transparent, quand toutefois il se donne la peine d'en prendre un : M. de B..., chez lequel j'étais entré, était un homme avide et ambitieux, vivant fort mal avec sa femme, et compromettant sa fortune dans les tripotages de bourse; la société qu'il recevait était à peu près du même genre, et quand on ne jouait pas gros jeu, la conversation ne roulait guère que sur l'argent et le moyen d'en gagner sans travail et sans peine.

Quelquefois, la nouvelle d'un suicide ou d'une liquidation désastreuse venait rembrunir certains visages; mais il était facile de voir qu'on déplorait des pertes personnelles, et non le malheur de l'individu mort ou ruiné; c'était comme un soldat tombé sur le champ de bataille; on passait froidement sur son cadavre pour aller à un autre.

Les femmes qui fréquentaient cette société se ressentaient de son influence. Coquettes froides et insignifiantes, elles ne pouvaient guère toucher un cœur un peu délicat, et le mien se sentait parfaitement libre; d'ailleurs dans la position subalterne où je me trouvais, aurais-je tenté d'offrir des vœux qu'on aurait probablement méprisés? j'étais trop fier pour cela.

Tout ce monde me plaisait fort peu, et je faisais peu de frais pour lui plaire;

les jouissances intellectuelles me semblaient supérieures aux financières, et je n'enviais pas le sort de ces malheureux, attachés comme des forçats à la chaîne d'or qu'ils ne pouvaient porter sans d'atroces soucis, ni voir se briser sans douleur mortelle.

A part cela je ne me trouvais pas mal dans cette maison ; j'avais des appointements passables, un élève pas trop gâté : on s'en occupait fort peu ; cela me permettait de trouver en lui de la docilité, de lui apprendre tant bien que mal un peu de grammaire et de latin, et d'avoir encore quelques moments de liberté.

J'aurais pu être admis dans une maison plus honorable, mais plus commode, c'eût été difficile ; j'y restai donc malgré ma répugnance.

III.

Un joueur de bourse.

Un matin, Mme B.. me fit appeler dans sa chambre, et là elle m'apprit, les larmes aux yeux, qu'un grand revers venait de frapper son mari; il était en fuite, et cependant lui avait laissé un portefeuille assez bien garni qu'elle me montra. « Du « reste, cela ne changera rien à votre po- « sition, ajouta-t-elle; et si vous vou- « lez m'accompagner... Vous pensez bien « que je ne puis rester dans un pays où « le nom de mon mari n'est plus en hon- « neur. »

J'acceptai, et nous partîmes le même jour avec ses deux enfants dont l'un était mon élève.

Depuis ce jour, la physionomie de Mme de B... changea pour moi. Tour à tour gracieuse et coquette, elle semblait vouloir m'enhardir à oublier ma position subal- terne, et me traiter sur le pied de l'éga- lité. Que dirai-je enfin? des relations cou- pables s'établirent entre nous; je la trou- vai jolie, parce qu'elle était agaçante, et je l'aimai parce qu'elle était la première femme que je connaissais.

Une voix intérieure me répétait que j'entrais dans une voie peu honorable; qu'elle ne me mènerait à rien de bon;

ma raison qui, aidée des mauvaises lec-
tures, avait étouffé en moi tout principe
religieux, me disait :

Quel mal fais-tu avec cette femme? aucun. Son mari l'a abandonnée, elle t'a
choisi pour son protecteur; elle aurait pu
trouver plus mal ; tu as bien fait d'accep-
ter, tu fais son bonheur et le tien, sans
nuire à qui que ce soit.

Mais cette raison aveugle, dont les ju-
gements étaient dictés par mes passions,
se gardait bien d'ajouter que je pervertis-
sais mon élève ; que je faisais plus que lui
prêcher l'immoralité, puisque je lui en
donnais l'exemple; que cette opulence,
ce luxe, dans lesquels je vivais, prove-
naient de biens mal acquis. M. de B... et
sa femme s'étaient enfuis chacun de leur
côté, avec des sommes considérables, ne
laissant à leurs créanciers que des immeu-
bles bien insuffisants pour les payer; c'était
de l'escroquerie en grand, et j'en étais
complice, puisque je profitais de pareilles
dépouilles; ma raison ne me disait pas
tout cela.

Cependant, dans un moment de scru-pule, je consultai Helvétius mon auteur favori, et cette fois, je fis un pas de plus dans l'intelligence de son œuvre; j'y vis que l'homme doit bien toujours agir, gui-dé par son intérêt, mais que cet intérêt doit le conduire à la vertu.

La vertu ! c'est un beau mot, dont il ne me donnait pas la définition. Si elle exige l'abnégation, le dévoûment, Helvétius ne sait ce qu'il dit, il se contredit lui-même; si elle nous ordonne de faire tout ce qui nous fait plaisir et peut nous être bon, son joug est léger, son culte facile, et me voilà parfaitement tranquille.

Cependant je sentais, malgré moi, le sophisme et la faiblesse des arguments d'une telle doctrine; et je n'étais pas tel-lement absorbé par ma passion et les plai-sirs, que je ne revinsse de temps en temps à réfléchir sur ma conduite, et à vouloir me rendre compte si je suivais le bon ou le mauvais chemin.

J'entendais dire de tout côté, autour de moi, que nous étions dans un siècle de lumières et de progrès; j'ouvris les philosophes modernes pour voir s'ils en sauraient plus que ceux du dernier siècle, et s'ils fixeraient mes incertitudes.

Je me trouvai parfaitement d'accord avec eux sur la question de la Divinité; c'était un conte de grand'mère et un point peu digne d'occuper longtemps un homme sérieux. La raison! la raison! voilà la boussole du monde moral moderne, il ne peut en avoir d'autre; la difficulté, le point important, ne sont pas de savoir d'où nous venons, mais où nous allons, et de faire le voyage le plus agréablement possible.

Malgré toutes ces bonnes dispositions, je me sentais toujours au fond du cœur une force interne qui me retenait malgré moi; était-ce la voix de la conscience, ou l'influence d'une première éducation? je l'ignorais; je voulus m'éclairer encore.

Choisissons, me dis-je, les écrits des hommes chargés de l'instruction publique; ils ne peuvent être mauvais puisqu'ils émanent de savants nommés par le gouvernement, et qui, pour la plupart y ont eu et y occupent encore un poste important.

IV.

La philosophie moderne.

M. le ministre de France, Guizot, dans ses discours politiques m'apprit que l'autorité par excellence était la *supériorité de la raison* ; que ce qu'il y avait de plus utile, c'était l'amélioration des intérêts *matériels* d'un peuple.

Ces principes, proclamés par un homme placé si haut, influèrent beaucoup sur mes convictions.

M. Cousin, l'ex grand-maître de l'Université, m'enseigna (Introd. à l'hist. de la philosophie, 7e leçon) : que le caractère propre, le signe du grand homme, *c'est qu'il réussit*. Je me sentis parfaitement à mon aise ; il s'agissait tout simplement pour moi de réussir.

Je n'étais pas certainement un grand homme, mais je pouvais le devenir, et j'avais un fond de vanité assez grand pour me le faire espérer ; mais par quel moyen

y parvenir? Le même savant se chargeait de me l'apprendre ; effectivement, il dit dans le même passage : « Il sort de l'his-
« toire entière des grands hommes, qu'on
« les a pris, et qu'eux mêmes se sont pris
« pour les instruments du destin, pour
« quelque chose de fatal et d'irrésistible,
« et il n'y a pas d'erreur dans le fond de
« cette pensée. »

Je pouvais donc être *fatal*, pourvu que je devinsse un grand homme ; *irrésistible* en employant tous les moyens bons pour atteindre mon but, en renversant tous les obstacles qui pourraient m'en éloigner ; et en cela j'agissais parfaitement dans la limite de mes droits.

M. Damiron, élève de M. Cousin, me fixait encore mieux sur ce point, en me disant (Cours de phil. t. 1, 64 et suivants ; t. 2, 21 et suiv.) : « Pour une existence
« étrangère, pour un être non à moi,
« être plein de sollicitude, d'intérêt et
« d'amour, est une *hypothèse absurde.* »

Ici je m'aperçus du progrès, car nulle part Helvétius n'avait été aussi loin.

Les scrupules que je ressentais en voyant mon élève témoin de mon union immorale et adultérine avec sa mère s'évanouirent ; cette union elle-même me parut chose toute naturelle et toute légitime en étudiant le système saint-simonien, en lisant surtout M. Ferrari, professeur universitaire qui m'apprit (Extrait de Vico. 50. Univers. n. 6, 813) :

« Que Platon réclamait le règne des
« capacités, la communauté des biens et
« des femmes et construisait l'édifice de
« la république sur ces trois larges bases.
« Aristote, au contraire, vrai représen-
« tant du calcul égoïste et mesquin, vou-
« lait la combinaison et la confusion des
« intérêts, la propriété immobilière et la
« famille. »

J'admirai alors Platon, et je professai le plus profond mépris pour ce pauvre Aristote ; aussi, puisai-je sans scrupule et sans discrétion dans la bourse de ma maîtresse.

Cependant, malgré toute la force, toute l'autorité de *ma raison*, il me semblait toujours que j'agissais mal au fond; j'étais humilié du rôle que je jouais.

Un célèbre professeur de l'Université, M. Lerminier, qui avait lui-même joué plus d'un rôle, me rassura (Revue, t. 7, 744): Y a-t-il du bien (se demande-t-il), « qu'est-ce que le mal? Qu'est-ce que le « bien? Il n'y a pas de mal; l'enfer est un « mensonge; le mal *une chimère.* »

Oh! pour le coup, je me sentis parfaitement à l'aise, et je continuai mon genre de vie sans honte, sans remords; ou plutôt, je m'étourdissais à force de plaisirs, et, le dirai-je, même de travaux; car, j'aspirais aussi à devenir un grand écrivain et à rendre mon nom célèbre. J'étais libre de tout préjugé, débarrassé de tout ce fatras de vieilles idées qui sont comme autant de filets qui empêchent l'aigle de prendre son vol et de s'élever dans les nues; je professai pour le style, pour cette forme qui enveloppe la pensée, une espèce de culte, et, si je ne suis pas un de ses brillants artistes, il faut l'attribuer aux trop grand nombre de distractions qui venaient m'arracher à l'étude ; l'amour faisait tort à la science ; je pensais avec M. Nisard (Mélanges de litt. t. 1, 420, 439) : « que « les livres de forme admirable, mais de « mauvaise morale, font moins de mal « que les livres de morale négative, et de « mauvaise forme. »

Ainsi, je ne risquais rien de me tromper, de professer même des principes mauvais et dàngereux, pourvu que ce fût en bon style.

Enfin, pour me rassurer complètement sur la crainte d'une justice divine, sur celle des peines dans la vie à venir, M. Lerminier m'explique (dans l'Ami de la religion, 10 mai 1834) : « que l'enfer est « un mensonge ; ce dogme redoutable ne « se trouve pas dans le christianisme. « C'est une *pernicieuse imposture* que « rien ne justifie. »

M. Ferrari (Ext. de Vico, 1385) : C'est une *épouvantable absurdité.*

M. Comte (Cours d'astronomie, 1842) : c'est un *conte* comme celui de Croquemitaine.

V.

L'application des principes.

Je me demandais bien quelquefois, comment l'ordre pouvait régner dans un état avec des doctrines pareilles ; ce qui pouvait retenir le misérable, témoin du bien-être du riche, l'empêcher de lui demander, de lui prendre même une partie de son or ; car, pourquoi se résignerait-il à la souffrance, à la misère, pendant que l'autre regorge de biens ? Tous ne peuvent pas être riches, me disais-je. Quelle compensation, quelle consolation donner à ceux que les circonstances, le malheur, l'inconduite même ont plongé dans l'indigence ? Ils sont hommes comme les autres ; ils ont les mêmes besoins, les mêmes droits de chercher à les satisfaire ; s'il y a un droit naturel, c'est certainement bien celui-là. Je dois convenir que tout ceci m'embarrassait fort, et je ne sais trop ce que j'eusse été dans le cas de faire si je me fusse trouvé dans l'indigence ; mais, comme heureusement, je ne manquais de rien, je raisonnais plus froidement; et examinant le monde de haut et d'un coup-d'œil sûr, je vis l'exploitation de l'individu par l'autre se pratiquer partout sur la terre, et paraître comme une nécessité fatale. La loi, n'ayant pas de sanction divine, ne pouvait m'arrêter; il ne s'agissait plus que d'être assez fort pour la braver, assez habile pour l'éluder, ou bien pour ne pas être pris en contravention par elle.

L'opinion du monde n'est-elle pas pour celui qui réussit? et il en serait autrement, qu'est-ce que l'opinion du vulgaire?

Je m'arrangeai donc de façon à ne pas devenir misérable; je commençais à sentir le prix de l'argent.

VI.

Le crime.

Sur ces entrefaites, M. de B... reparut dans la ville qui nous servait de retraite, et où il eut bientôt découvert notre demeure. Nous ne l'avions pas vu depuis deux hivers, et dix ans semblaient avoir passé sur sa tête. Ce fut un coup de foudre pour sa femme qui l'attendait si peu et qui le revoyait usé , abruti en quelque sorte , par ses écarts et sa mauvaise fortune.

Bref ce n'était point ni sa femme ni ses enfants qu'il venait chercher, mais de l'argent ; car il avait déjà dissipé dans le jeu et la débauche ce qu'il avait emporté.

Emilie (Mme de B...) montra dans cette circonstance un caractère auquel je ne me serais pas attendu. Elle était bonne au fond , mais sans énergie ; tout ce qu'on nomme vertu ou vice semblait avoir peu de prise sur elle. Ce que je lui disais par raisonnement et de propos délibéré, elle le faisait tout simplement et sans calcul , s'abandonnant à ses passions comme moi aux miennes ; notre liaison n'était pas encore assez vieille pour les mettre en opposition.

La scène fut terrible entre elle et son mari ; elle lui dit que le portefeuille qu'elle lui avait remis lors de leur séparation à Paris, contenait à peu près la valeur de sa dot ; que c'était son bien et celui de ses enfants ; que par conséquent elle avait le droit d'en disposer comme bon lui semblerait ; qu'elle consentirait cependant volontiers à faire une petite pension alimentaire à son mari, mais à condition qu'il résiderait à cent lieues d'elle.

Ce n'était point du tout ce qui convenait à ce dernier ; la loi à la main, il se considérait comme l'administrateur et par conséquent le maître des biens de sa femme, et il entendait en user largement et de suite ; il appuya ses prétentions par des violences qui me forcèrent à intervenir et à prêter assistance à Emilie. Ce qu'il y avait de plus affreux, c'est que les enfants étaient témoins de tout ce scandale, et leurs cris, leurs larmes, se mêlaient aux injures dont M. de B... nous accablait.

Pour éviter le scandale, l'éclat, et, comme s'il s'agissait d'un arrangement, je l'attirai dans un pavillon situé au fond du jardin et éloigné de toute habitation ; là, je n'eus pas de peine à me rendre maître de cet homme usé et sans forces, je le baillonnai pour étouffer ses cris, et le laissai là pour me consulter avec sa femme sur ce que nous en ferions.

Toute cette dernière partie de la scène s'était passée sans témoins et presque sans bruit ; j'étais seul avec l'homme qui était en ma puissance.

La surrexcitation nerveuse de Mme de B... qui lui avait donné, pendant quelques instants, une énergie factice, s'affaissa bientôt ; à peine répondait-elle à mes questions par des paroles entrecoupées, insignifiantes, que ses larmes étouffaient. Cependant il fallait prendre un parti ou nous étions perdus : je connaissais la loi, elle était pour le mari outragé ; sans examiner l'homme que ce pouvait être, elle nous condamnait de toute manière ; d'un autre côté, abandonner Emilie à son mari, c'était ruiner cette femme et ses enfants, et me perdre avec elle.

Je pris une décision terrible, mais que les circonstances, surtout mes principes, expliqueront très bien ; j'engageai Mme de B... à emmener ses enfants et ses domestiques à la campagne pour me lais-

ser seul avec son mari , lui faisant espérer que j'arrangerais tout; et quand je me
vis débarrassé de tout témoin importun
et dangereux, j'entrai dans le pavillon
où était enfermé M. de B...

En me voyant, son œil s'alluma d'une
fureur sombre; sa bouche écumait de rage,
et les mouvements désespérés de ses bras
annonçaient qu'il pourrait bientôt s'af-
franchir de ses liens. Je ne lui en laissai
pas le temps ; l'envelopper d'une couverture et le transporter jusqu'au bout du
jardin, où se trouvait une rivière assez
rapide, fut pour moi l'affaire d'un moment:
arrivé là je regardai de tout côté ; personne ne passait, ne pouvait me voir ; je
glissai le malheureux que je tenais , dans
l'eau , en ayant grand soin de retirer la
couverture , et tout fut consommé.

Cela fait , je rentrai à la maison tran-
quillement et étonné moi-même du calme
dans lequel je me trouvais; il fut tel, que
je crus convenable, à tout hasard, d'aller
chez un voisin où nous nous rendions

tous les soirs, afin qu'il n'y eût rien de changé à mes habitudes; et que la liberté d'esprit que je montrais, pût me servir de défense dans le cas où des soupçons pourraient venir m'atteindre.

Les sophismes et les mauvais principes qui m'égaraient avaient pour ainsi dire étouffé ma conscience, et ma raison me disait même que j'avais fait une bonne action.

Dans le fait c'était un scélérat de moins et de la sécurité de plus pour moi, Emilie et ses enfants, et pour ceux à qui ce misérable aurait pu vouloir nuire : il était à mes yeux absolument comme un chien enragé que j'aurais tué dans l'inté-rêt public; et si je ne me faisais pas gloire d'une telle action, c'était uniquement pour ne rien avoir à démêler avec les petites considérations de la loi, et les préjugés étroits des gens de loi et des magistrats.

J'aurais bien pu me dire aussi que, si je me trouvais dans une position heureuse, c'était à M. de B... que je le devais; que c'était lui qui m'avait introduit dans sa maison , dans le monde ; qui m'avait ouvert une carrière honorable ; que la reconnaissance me faisait un devoir d'avoir des égards pour lui ; que loin de là, je l'avais outragé dans la personne de sa femme dont j'étais l'amant, et que je l'avais assassiné pour continuer à l'aise et sans obstacles cette vie de scandale...!

J'aurais pu me dire tout cela , mais les sophistes sont comme les avocats; ils emploient tous les moyens bons pour leur affaire, et repoussent ceux qui leur sont contraires ; de plus ne sont-ils pas seuls juges dans leur propre cause ? Ma haute raison me donnait parfaitement raison.

Le lendemain, tout, dans notre maison, était sur le même pied que d'habitude ; tout le monde y était rentré ; il n'y avait qu'un homme dangereux de moins.

Emilie me sollicita vivement de lui dire par quels moyens je l'avais débarrassée de son mari ; je me bornai à lui répondre qu'elle n'avait plus rien à craindre de lui, que l'affaire était arrangée , et qu'une somme remise par moi devait servir à payer son passage à la Nouvelle-Orléans.

Elle parut satisfaite, radieuse, et s'écria en m'embrassant : « Que j'ai bien « fait de vous prendre pour protecteur…! »

VII.

La partie de pêche.

Nos journées s'écoulaient rapidement dans la recherche de distractions nouvelles; ce qui me contrariait fort et m'empêchait de me livrer à l'étude et aux travaux nécessaires pour l'accomplissement de mes rêves ambitieux.

Cinq jours après l'affreux évènement que je viens de raconter, une partie de pêche fut arrêtée ; il s'agissait d'aller à trois lieues de la ville que nous habitions; je voulais m'en abstenir, mais Emilie insista tellement pour que je l'accompagnasse, que je ne pus refuser.

Je rongeai mon frein en silence, me promettant bien de diminuer, par tous les moyens, cette servitude qui commençait à me peser.

Nous partîmes en grande caravane et par un temps superbe, accompagnés de quelques bons bourgeois de la ville.

Ma mauvaise humeur s'était évanouie ; l'influence d'un beau jour, l'aspect d'une belle nature, la pêche qui se trouvait abondante ; tout avait contribué à me rendre ma gaîté. Nous nous disposions au retour, lorsque je voulus jeter un dernier coup de filet ; c'était moi qui m'étais le moins distingué dans la pêche, et je tenais à honneur de réhabiliter mon adresse.

« Oh ! pour le coup, je tiens un poisson « monstre, m'écriai-je, » en faisant tous mes efforts pour retirer le filet de l'eau. Mais, ô horreur ! mes cheveux se dressèrent sur ma tête, mon sang se glaça dans mes veines, en reconnaissant le cadavre du malheureux que j'avais jeté dans la rivière ; ses pieds, ses mains étaient encore garottés et ses traits contractés, fort reconnaissables.

Mme de B... s'évanouit , ses enfants pleuraient, et une profonde terreur avait saisi tous les assistants.

Ainsi se termina cette journée qui avait commencé par la joie.

Nous fîmes transporter le corps à la ville, pour l'inhumer convenablement ; mais la justice ne pouvait rester oisive devant ce crime. Le procureur du roi, après avoir constaté l'identité du malheureux de B..., interrogea tous les individus qui se trouvaient dans la maison que nous habitions et dans le voisinage ; mais j'avais bien pris mes mesures ; nul témoignage ne pouvait nous accuser, malgré les présomptions graves qui s'élevaient contre nous. M. de B... avait fort bien pu, en nous quittant, être arrêté, garotté par des malfaiteurs et jeté dans la rivière ; d'ailleurs, sa mauvaise conduite, ses torts graves furent dévoilés et diminuèrent beaucoup l'intérêt qu'il avait d'abord inspiré ; l'accusation contre nous n'eut pas de suites.

Cependant, malgré cela, une rumeur sourde nous dénonçait comme les assassins de M. de B... Et, pour nous dérober aux propos et aux commentaires malveillants, nous quittâmes le pays.

Cette fatalité qui m'avait conduit, moi l'assassin, à mettre au grand jour la victime que j'aurais voulu cacher à cent pieds sous terre, fit sur mon esprit une profonde impression. Y aurait-il donc réellement une providence, me disais-je? est-ce son doigt que je dois reconnaître en tout ceci? Cependant je n'ai suivi que les conseils de la prudence et de la raison; je n'ai fait de mal à personne, si ce n'est à ce malheureux qui aurait pu en faire à tant d'autres!...

Allons, reprenons courage et ne voyons dans tout ceci qu'un effet du hasard et des circonstances extraordinaires.

Emilie n'avait pas le même calme; et depuis la fatale partie de pêche, elle était visiblement changée. Nous retournâmes à Paris, où nous fûmes nous loger dans le quartier du Marais; c'est à peine, si, de temps à autre, nous paraissions au spectacle. Emilie, malgré mes railleries, fréquentait les églises et devenait triste de plus en plus ; jamais, depuis l'assassinat de son mari, elle ne m'avait interrogé sur les circonstances de sa mort ; c'était comme un fer brûlant auquel elle n'osait toucher.

Je profitai de mon séjour à Paris pour voir de près la plupart de nos grands hommes modernes dont j'avais tant lu et médité les ouvrages ; je les trouvai, en général, pleins de morgue, de suffisance ; mais bons pères, bons époux, et recommandables par des vertus domestiques.

Je pensais que leurs doctrines n'étaient pas dangereuses, puisqu'ils en auraient été les premiers infectés.

Mais plus tard, je vis que ces hommes, à la raison si fière et si haute, étaient de superficiels et médiocres savants, fascinés, égarés par l'esprit d'orgueil ; prêts à tout sacrifier à la puérile satisfaction de dire ce qu'ils croient nouveau et point vulgaire, et ne sentant pas eux-mêmes ou ne voulant pas se donner la peine d'examiner les conséquences des principes qu'ils professent.

O vanité des vanités!... et c'est là le progrès dont on nous parle tant!...

Et moi, j'ai pu tomber dans ces piéges grossiers, me laisser prendre à ces sophismes!...

L'histoire est-elle donc stérile, ou ne porte-t-elle que des fruits inutiles?

Je n'avais besoin pour m'éclairer que d'ouvrir les annales de la révolution, où la déesse Raison a joué un rôle si épouvantable, ou bien de faire parler le premier vieillard venu, sur ces temps d'horrible et de sanglante mémoire!...

VIII.

L'expiation.

Comment mes yeux s'ouvrirent - ils ? Comment Dieu me fit-il la grace de me rendre la lumière? c'est ce que je vais raconter en peu de mots ; car les instants me sont comptés, mes forces s'épuisent, et l'on ne peut être prolixe et verbeux en face de la mort.

Un soir, Émilie entra dans mon cabinet, les yeux baissés, la démarche incertaine,

et paraissant évidemment sous l'influence
d'une grave préoccupation.

Elle s'assit non loin de moi, et balbu-
tia d'une voix faible ces mots qui reten-
tissent encore à mon oreille :

« Mon ami, il faut nous séparer. »

Le lien qui m'unissait à elle n'était point
de ceux qui enchaînent fortement le
cœur; les circonstances, l'habitude même,
l'avaient seules formé; cependant je me
récriai à cette apostrophe inattendue et je
me sentis assez vivement ému.

« Oui, reprit-elle, il est temps de finir
« la vie coupable que nous menons, et
« de chercher à effacer, s'il est possible,
« les funestes exemples que nous avons
« donnés à mes enfants. — Vraiment, ma-
« dame répondis-je ; mais vous convien-
« drez qu'il est un peu tard. — Il n'est ja-
« mais trop tard de rentrer dans la bonne
« voie; d'ailleurs, j'ai eu une vision qui
« m'a tellement frappée ! — Une vision !
« et peut-on savoir ce qu'elle est ? —
« C'est inutile; vous ririez sans doute de
« ma faiblesse, et mes craintes vous pa-

« raîtraient ridicules ; il n'y a que moi de
« trop ici, je vous y laisse avec mes deux
« enfants dont je vous charge de finir
« l'éducation ; quant à moi, dès demain,
« j'entre dans un couvent où vous me les
« amènerez tous les dimanches. Voici de
« quoi subvenir à toutes vos dépenses ;
« si cette somme ne vous suffit pas, vous
« n'aurez qu'à me le faire savoir. »

Cela dit, elle se hâta de sortir, et cette fois ce fut d'un pas ferme, agile ; on eut dit qu'elle était allégée d'un poids énorme.

L'étonnement, l'émotion que je ressentais, m'avaient fermé la bouche, et elle put s'éloigner sans que je fisse aucun effort pour la retenir.

Qui avait pu donner tant de fermeté, de résolution à cette femme que j'avais connue jusqu'alors faible et incapable d'une résolution énergique, et surtout peu scrupuleuse sur certains principes ? Je ne pouvais me l'expliquer, et cependant je sentais que je l'en estimais, que je l'en aimais davantage.

La nuit se passa pour moi dans une

grande agitation, dans une cruelle insom-
nie, et à peine vis-je poindre le jour, que
je m'habillai précipitamment pour avoir
enfin une explication ardemment désirée.

Prières, larmes, tout fut inutile ; je ne
pus plus retrouver accès dans ce cœur qui
venait de se fermer à moi pour toujours :
« Vous êtes honnête homme, me dit-
« Mme de B..., je compte sur l'exécu-
« tion de nos conventions ; ma résolution
« vous paraît étrange, mais vous la com-
« prendrez bientôt ; vous y viendrez !
« vous y viendrez ! adieu ! à dimanche ! »
Et la voiture où elle était montée dispa-
rut à mes yeux.

Le cœur de l'homme est ainsi fait : je
ne pus me séparer sans déchirement de
cette femme qui, avant sa conversion su-
bite, m'était presque indifférente.

La vertu a donc de l'empire sur nous ;
elle n'est donc pas un vain mot !...

Tous les dimanches j'étais exact au ren-
dez-vous ; je revoyais Mme de B..., je
lui menais ses enfants et je cherchais à
ébranler sa résolution ; ce couvent était

si triste, si sombre! « Ah! me disait-elle,
« je ne me suis jamais sentie si heureuse,
« et il n'y a pas de lieu triste où l'on peut
« voir le ciel; songez-y bien, mon ami,
« il y a un juge au-dessus de la terre, à
« qui rien n'est caché; scrutez bien votre
« conscience; demain, peut-être, il se-
« rait trop tard. Je sais que la religion
« n'a pas d'influence sur vous, mais je ne
« veux pas que vous éleviez mes enfants
« dans ces principes; du reste, notre au-
« mônier qui les voit souvent, m'en ren-
« dra fidèle compte. »

En parlant ainsi, la physionomie de
Mme de B... avait une expression céleste
qui me pénétrait malgré moi. Comment
cette jeune femme, encore si belle et na-
guère si avide de plaisirs, pouvait-elle
s'enterrer vivante dans un pareil tom-
beau? comment pouvait-elle s'y trouver
si bien?

Toutes ses paroles étaient gravées dans
ma mémoire, et j'entendais surtout
celles-ci retentir à mes oreilles comme un
glas funèbre :

« Scrutez bien votre conscience ;
« demain, peut-être, il serait trop tard! »

Alors se ralluma soudain cette étincelle précieuse que tant de sophismes avaient étouffée, et je vis la profondeur de l'abîme dans lequel ils m'avaient jeté.

La faible femme avait vaincu le philosophe, et le philosophe sentit l'aiguillon du remords ; le fatal meurtre surtout lui apprit que, s'il avait échappé à la justice des hommes, il aurait un compte terrible à rendre à celle de Dieu.

Ce souverain maître, dans sa bonté, a permis que mes yeux s'ouvrissent avant l'heure de l'expiation, et par cette même femme qui a contribué à m'égarer.

Mais hâtons-nous, car mes yeux se troublent, et la plume semble prête à m'échapper.

Pour aller au couvent de Mme de B..., il fallait passer près d'un tir au pistolet, où j'avais toujours refusé de laisser entrer mes élèves. Le dernier dimanche que nous visitâmes leur mère, je revenais avec eux, préoccupé des paroles édifiantes et des recommandations de ma bienfaitrice ; lorsque je m'aperçus de l'absence de Julien, l'aîné de mes élèves ; le tir était près de nous, et, craignant qu'il ne s'y fût glissé sans ma permission, redoutant enfin quelque accident, je me dirige vers le lieu d'où partent les détonations : le premier individu que je vois c'est Julien qui reçoit un pistolet de la main de l'armurier : je veux le lui arracher, en lui reprochant sa désobéissance; mais le pistolet se trouvait à double détente, c'est-à-dire que le moindre mouvement pouvait.... Effectivement le coup part et me frappe en plein dans la poitrine.

Malheureux Julien ! sans le vouloir, sans le savoir, il a vengé son père.

Depuis près de quinze jours, je m'éteins dans d'atroces souffrances et une lente agonie, car la blessure est mortelle. Mme de B.... s'est établie près de mon lit, et elle ne cesse de me prodiguer des soins qui adoucissent mes derniers moments; nous avons tous deux abjuré nos erreurs... Mon Dieu, faites nous miséricorde !

Ma famille que j'ai trop négligée m'a délaissé à son tour... Avant de devenir assassin j'avais été ingrat. O mon père!! ma mère! recevez ici le témoignage de mon repentir et mes derniers adieux!....

O vous, philosophes superficiels qui m'avez égaré! orgueilleux charlatans de science, qui obtenez tant de faveurs dans un certain monde! ne soyez pas trop fiers de vos succès, car je viens de voir un homme qui m'a donné force, consolation, espérance, et qui en sait plus que vous en philosophie et en morale. Cet homme, c'est.... un simple prêtre!..

Lyon. — Imprimerie de F. Guyot.